LOS CANGREJOS ROJOS DE LA ISLA DE NAVIDAD

UNA HISTORIA DE MIGRACIÓN

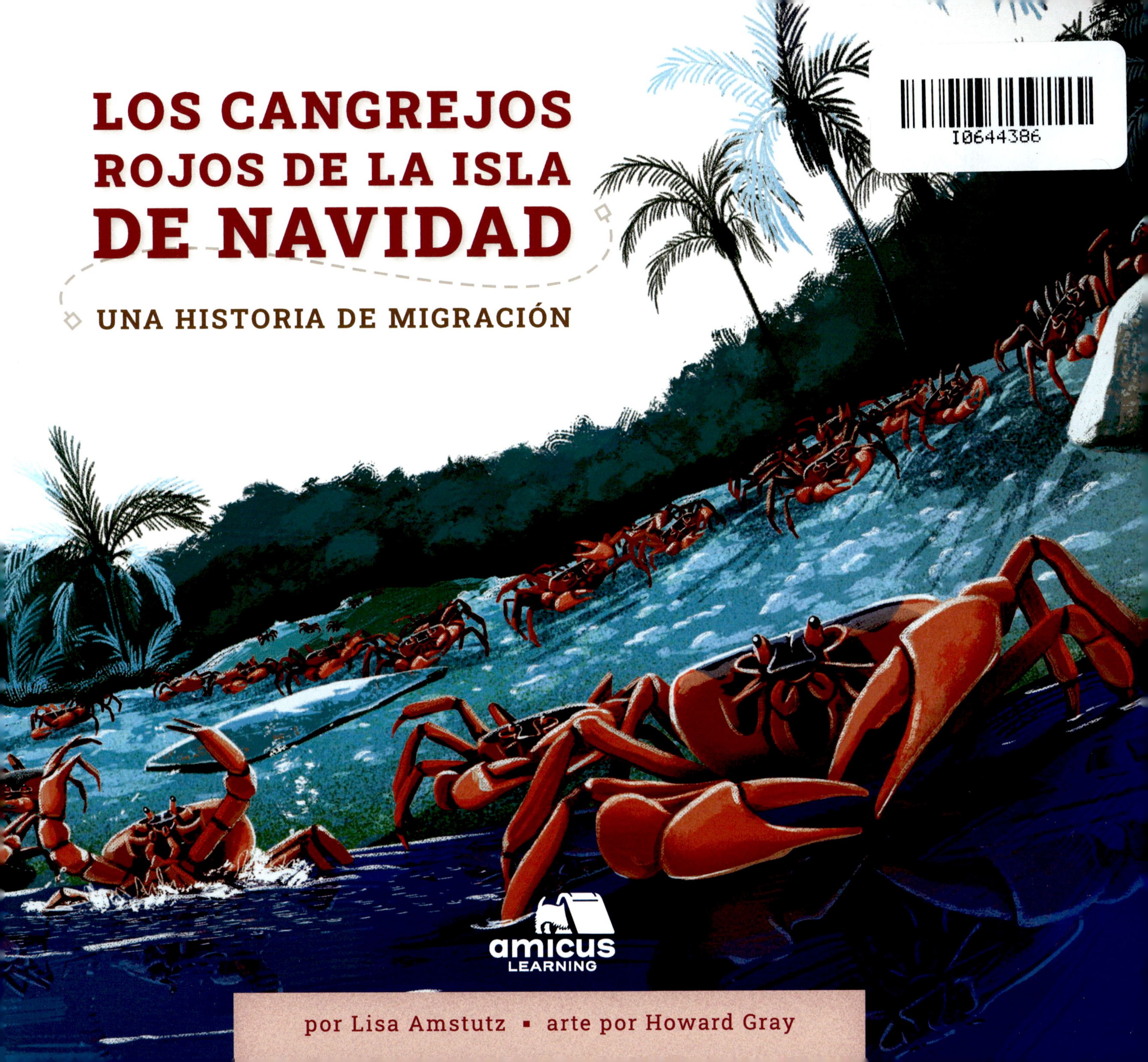

amicus LEARNING

por Lisa Amstutz ▪ arte por Howard Gray

AMICUS ILLUSTRATED es una publicación
de Amicus Learning, un sello de Amcius
P.O. Box 227, Mankato, MN 56002
www.amicuspublishing.us

Editor: Alissa Thielges
Serie Diseñadora: Kim Pfeffer
Diseñadora del libro: Emily Dietz

Library of Congress Cataloging-in-Publication Data
Names: Amstutz, Lisa J., author. | Gray, Howard (Howard Willem Ian), illustrator.
Title: Los cangrejos rojos de la isla de navidad : una historia de migración / by Lisa Amstutz ; illustrated by Howard Gray.
Other titles: Christmas Island crabs. Spanish
Description: Mankato, MN : Amicus Learning, [2026] | Series: Migraciones increíbles | Audience: Ages 6–9 | Audience: Grades 2–3 | Summary: "Follow the incredible journey of a Christmas Island red crab's migration in this narrative nonfiction picture book that will delight animal and nature lovers and support life science education. Translated into North American Spanish. Includes a migration map, tips to protect animals and habitats, and a glossary"– Provided by publisher.
Identifiers: LCCN 2024054646 (print) | LCCN 2024054647 (ebook) | ISBN 9798892006446 (library binding) | ISBN 9798892007047 (paperback) | ISBN 9798892007641 (ebook)
Subjects: LCSH: Gecarcoidea natalis—Juvenile literature. | Gecarcoidea natalis—Migration—Juvenile literature.
Classification: LCC QL444.M33 A53718 2026 (print) | LCC QL444.M33 (ebook) | DDC 595.3/86—dc23/eng/20250115

Sobre la autora
Lisa Amstutz es autora de más de 150 libros infantiles. Antigua educadora al aire libre, es licenciada en biología y ciencias medioambientales. Lisa disfruta aprendiendo cosas divertidas sobre ciencia y compartiéndolas con los niños. Vive en una pequeña granja con su familia.

Acerca del ilustrador
Howard Gray ha ilustrado una selección de libros infantiles de ficción y de no ficción. Siempre se ha considerado artista, pero con un doctorado en genética de delfines, tiene formación en zoología. Ahora persigue su carrera soñada en la ilustración infantil desde la pintoresca ciudad de Durham, Reino Unido. Más información en www.howardgrayillustrations.com.

¡Clic, clic! Un cangrejo rojo coge un trozo de fruta. Vuelve a su madriguera para comérsela. Este cangrejo vive en la Isla de Navidad, en Australia. Millones de cangrejos rojos viven en el suelo del bosque. Comen hojas, frutas y flores.

El cangrejo cubre su puerta con una hoja. Se esconde del sol. Ahora es la estación seca. El aire caliente le seca las branquias y le dificulta la respiración. Pero pronto llegarán las lluvias de otoño. Entonces comenzará su viaje hacia el mar. Debe encontrar pareja y poner sus huevos.

¡Plas, plas! Empieza a llover. El aire está húmedo. Es hora de emigrar. El cangrejo se une a millones de otros cangrejos. El viaje puede durar 18 días. Los cangrejos suben colinas y caen por acantilados. Nada puede detener su marcha hacia el mar.

Las hormigas locas amarillas pululan por el cangrejo. Las hormigas matan a miles de cangrejos cada año. Este cangrejo se las quita, pero otros no tienen tanta suerte.

¡Otro peligro más! El cangrejo debe cruzar la carretera. Pero la gente ayuda. Paran el tráfico. Hacen puentes y túneles para los cangrejos.

El cangrejo acelera. Tiene que darse prisa. La costa aún está a millas (kilómetros) de distancia. Tiene que llegar unos días antes de la luna llena. Así podrá poner sus huevos en el momento adecuado.

Por fin, el cangrejo llega a la orilla. Sus branquias están secas. Se da un chapuzón en el mar para hacerlas mojadas.

Los cangrejos machos están esperando. Salieron unos días antes para cavar madrigueras. La hembra elige pareja. Ella se instala en el agujero que él hizo.

El macho se da un chapuzón en el mar y vuelve a casa. Su trabajo está hecho. La hembra se queda. Pone hasta 100.000 huevos. Los guarda en en su bolsa de cría.

Después de 12 días, el cangrejo va al agua.
Encuentra un lugar sombreado para esperar.

La luna está en su último cuarto. Justo antes del amanecer, la marea alta se retira. El cangrejo se lanza al mar para desovar. Se balancea arriba y abajo en el agua. Sus huevos flotan lejos.

Los huevos de cangrejo enturbian el agua. Pronto eclosionarán las larvas . Flotarán en el océano por un mes. Mudarán y cambiarán de forma. Muchos serán comidos por peces o manta rayas. Pero algunos pequeños cangrejos rojos volverán a la isla de Navidad.

El trabajo del cangrejo hembra está hecho. Ha llegado el momento de volver a casa. Se va a la orilla arenosa.

El cangrejo camina durante días. Por fin, llega al bosque. Encuentra una madriguera y se instala en ella. Ahora se alimentará, descansará y se esconderá del sol . . .

hasta que vuelvan las lluvias.

MIGRACIÓN DEL CANGREJO ROJO DE LA ISLA DE NAVIDAD

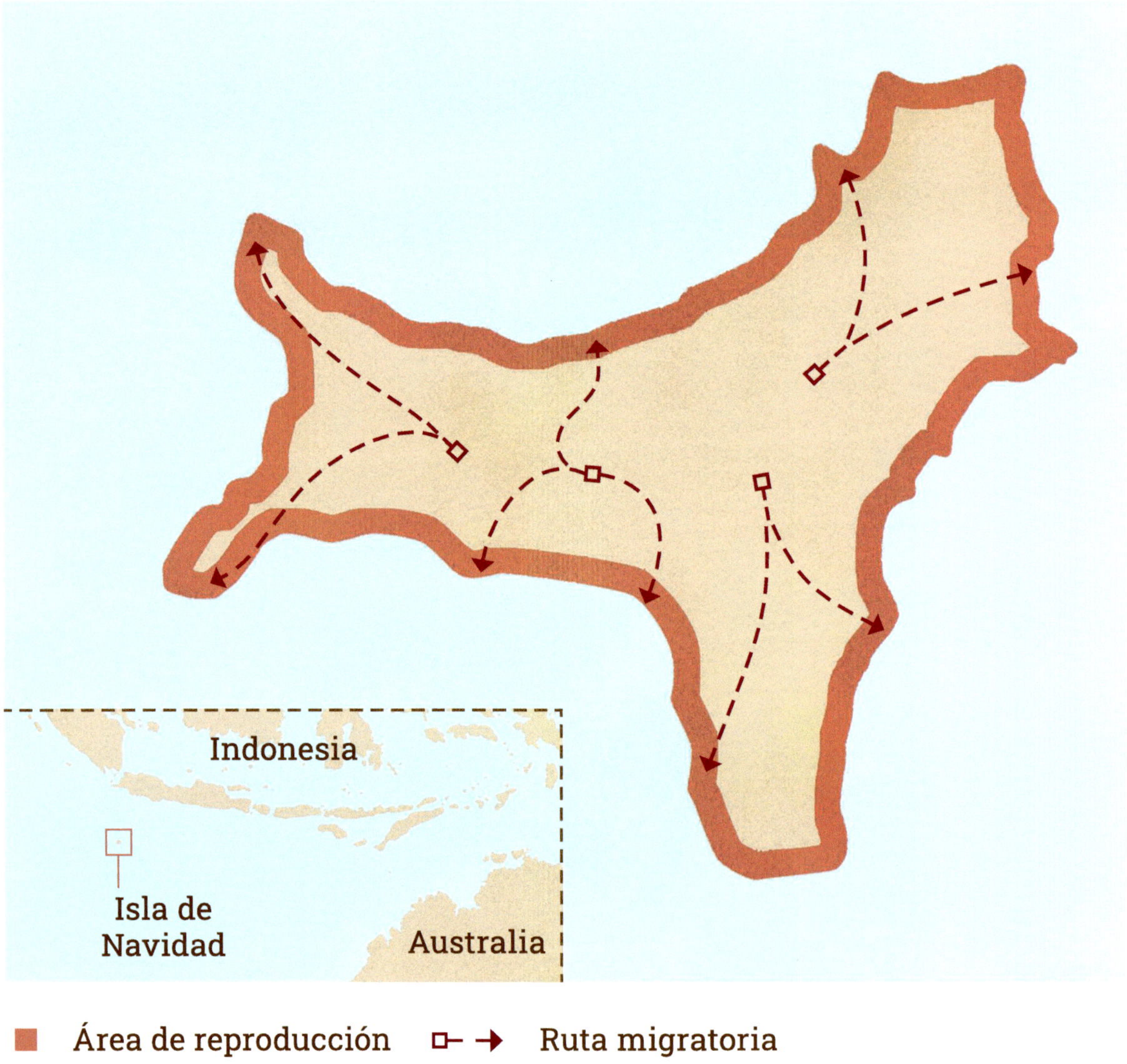

¿CÓMO PUEDO AYUDAR?

Los humanos intentan ayudar a los cangrejos rojos a migrar de forma segura. Tú puedes ayudar manteniendo limpio el océano. Estos consejos también pueden salvar a los animales de tu zona.

- Tira la basura y recoge los desperdicios para mantener limpia la naturaleza.
- Utiliza botellas de agua y bolsas reutilizables en lugar de las de plástico. El plástico puede acabar en el océano y dañar la fauna.
- Utiliza menos agua para que tus aguas residuales no vayan al océano.

Glosario

bolsa de cría Bolsa que protege los huevos del cangrejo antes de la eclosión.

branquia Órgano que utilizan algunos animales para respirar bajo el agua.

desovar Poner huevos.

larva Etapa del desarrollo que sigue al huevo, pero antes de transformarse en adulto.

madriguera Agujero o túnel excavado por un animal.

migrar Trasladarse a otra zona en una determinada época del año.

mudar En los cangrejos, mudar el caparazón duro y exterior cuando el cangrejo crece demasiado para él; entonces crece un nuevo caparazón.

pareja El compañero masculino o femenino de una pareja de animales.